Bilderbuch

von

Mili Weber

Verslein von einem kleinen Bären, dessen Bildnis vorn in diesem Büchlein gemalt ist.

DESERTINA VERLAG

Bin ein froher Bärenknab,
All mein Gut und all mein Hab
Ist ein sonnig Herzelein,
Das der liebe Gott mir gab.

Meine Liedlein sollen danken dir
Du lieber, froher Gott.
Du schenkest uns die Blümelein,
Den Wald, und alle Vögelein,
Dazu die ganze Erde.

Der Frühling kommt, der Frühling kommt!
So rufen froh die Vögelein!
Verschwinden tut jetzt Schnee und Eis,
Die Erd' gehört den Blümelein.

Der Frühling bringt Goldblümelein,
Der lichte, frohe Knab,
Und all sein Liebe bringt er mit,
Die er im Herzlein hat.

Du liebes, blaues Blümelein,
Du bringst uns helles Licht,
Durch dich der Frühling Einzug hält,
Der alle Kälte bricht.

Mit deinen blauen Äugelein
Schaust du uns freundlich an
Und schenkst dein liebes Blümelein
Gar gerne jedermann.

Osterhäslein kommt jetzt dran,
Malt sein weißes Eilein an
Malet fröhlich nun drauf los
Mit dem dürren Grase bloß.

Und das Beerenbübelein
Gibt dem Häslein rote Farbe,
Fröhlich malt der kleine Hase
S' Eilein wird gar wunderfein.

Die frohen Musikanten
Die hab ich gar so gern!
Ihr Liedelein verklinget
In alle, weite Fern.

Und wenn sie dann so blasen,
Die Vöglein singen mit.
Hell klingen die Trompeten
Und der Vöglein Duliwitt!

Ein lustig Häuslein haben wir,
Wir kleinsten Kinderlein.
Das Häuslein hat ein rotes Dach,
Der liebe Gott hat's uns gemacht.

Da sitzen wir drunter
Und lachen so froh,
Sind fröhlich und munter
Und freuen uns so!

Kleines, schwarzes Brüderlein,
Kleines, weißes Schwesterlein,
O, wie liebet ihr euch so,
Wenn ich euch seh, so bin ich froh.

In dem schönsten Gärtelein,
Sitzet ihr im Sonnenschein.
Tag und Nacht ist für euch beide,
Immer lauter, große Freude!

Blümlein klein,
Schläft so fein
In dem Blumenbettelein.

Weißt ja nicht, daß an dem Himmel
Sanft der Mond vorüberzieht,
Der dir singt ein leises, süßes Schlummerlied.

Ringel, ringel, ringel reihe
Tanzen fein die Blümelein
Tanzen froh und munter
Über die sonnige Wies' herunter.

Kleines, süßes Schwesterlein
Schauest ihnen fröhlich zu
Klatschest in die Händelein,
Und lachest immerzu.

Heut hab' ich doch was Lustiges gesehn,
Da hab' ich froh gelacht,
Ein Mäuslein nagte den Apfel an,
Den der Wind vom Baume gejagt.

Das Mäuslein nagte tief hinein
Ins gute Äpfelein,
Da traten heraus, aus dem dunklen Haus,
Die Apfelkernkinderlein.

«Hab Dank, du liebes Mäuselein!»
So riefen sie ihm zu.
«Nun tanzen wir im Sonnenschein,
Und jubeln dir fröhlich zu!»

Wir zwei freun uns so.
Wir klatschen in die Hände
Und jubeln ohne Ende
Und spielen
Und singen
Und tanzen
Und springen
In dem gold'nen Lärchenbaum
Mit den braunen Zäpfchen dran.

Die sieben, frohen Zwerge,
In ihren roten Käppelein,
In ihren roten Mäntelein,
Sie wohnen auf dem Berge.

Sie sitzen auf dem Bäumelein,
bei den grüngold'nen Blättelein
Und gucken sich die Erde an,
Und haben tausend Freuden dran.

Siehst du den kleinen Maler
Im roten Hut so fein?
Er liebt den Wald, die Beeren,
Und auch die Schneeflöckelein.

Einst wollt' der Wind ihm nehmen
Sein rotes Hütelein,
Da ist er schnell gesprungen
Heim, in sein Häuschen klein.

Lieblich ist die Weihnachtszeit,
Die uns bringet so viel Freud,
Erst den lieben Weihnachtsmann
Mit dem grünen Tannenbaum,
Dann das liebe Christkindlein
Auf dem braunen Eselein.

Freudig geht mein Herzelein
heute kommt doch Christkindlein
Bringet mir 'nen kleinen Baum,
Mit frohen, gold'nen Lichtlein dran.

«Christkindlein, flieg in die Welt hinein!
Erfülle sie mit hellem Schein!
Laß strahlen deine Lichtelein,
Für alle Menschen, groß und klein.»

Mili Weber

Mili Weber wurde am 1. März 1891 als jüngstes von sechs Kindern in Biel (Kanton Bern) geboren. Ihre Schulzeit verbrachte sie am Geburtsort, und anschließend besuchte sie das Kindergärtnerinnenseminar der Neuen Mädchenschule in Bern. Ihr Talent zum Zeichnen und Malen, das sich schon in früher Kindheit gezeigt hatte, entfaltete sich dort in unverkennbarer Weise. Nach ihrer Rückkehr nach Biel wurde sie von ihrer Halbschwester Anna Haller, die als Blumenmalerin breite Anerkennung gefunden hatte, und von Kunstmaler Julius Vögtli unterrichtet. 1912–1914 besuchte sie in München die Malschule von Professor Knirr.

1917 nahm die Familie Wohnsitz in St. Moritz. Am Waldrand oberhalb des St. Moritzersees baute ihr Bruder Emil ein Haus, das von seiner Schwester Mili voll Phantasie und Kunstsinn ausgemalt wurde. Dort lebte sie zurückgezogen als freischaffende Künstlerin bis zu ihrem Tode am 11. Juli 1978. Sie schuf viele Einzelbilder und Porträts, schrieb zahlreiche Texte und komponierte auch Lieder und weitere Musikstücke. Ihr Hauptwerk besteht aus 78 Bildgeschichten mit jeweils einer Reihe von Aquarellen, begleitet von kurzen von ihr verfaßten Texten. Ihre Spiritualität, ihr ganzheitliches Denken und ihre außergewöhnliche Beziehung zur Natur bildeten die Quelle ihrer Inspiration und damit ihres Schaffens. Ihr ganzes Werk zeugt von einer tiefen Verbundenheit der Künstlerin mit allem, was lebt. Beispiel dafür ist auch das vorliegende, Kindern und denen, die Kinder lieben, gewidmete Buch. Ihr Haus ist in allen Teilen so erhalten, wie es der Erbauer und die Künstlerin selbst gestaltet haben. Es kann nach Vereinbarung besichtigt werden. Auskunft gibt der Kur- und Verkehrsverein St. Moritz.

Von Mili Weber sind erschienen und im Buchhandel oder bei der Mili Weber-Stiftung erhältlich: Botschaft der Natur (1988), Il messaggio della natura (1991), Ihr Kinderlein kommet (1996), alle im Verlag Desertina, Chur, Mili Weber 1891–1978 (Katalog zur Gedenkausstellung 1991) Mili Weber-Stiftung St. Moritz, Vom Rehli Fin (Mutzli-Verlag, Dimlej, Mili Weber-Stiftung St. Moritz).

© 1993
Stiftung Mili Weber
7500 St. Moritz

Alle Rechte vorbehalten

3. Auflage 1998

Druck:
Casanova Druck und Verlag AG
7002 Chur

Kommissionsverlag:
Desertina Verlag
7004 Chur

Buchbinder:
Buchbinderei Burkhardt AG
Mönchaltorf ZH

Lithos:
Litho Reno AG, Sargans

Papier:
Papierfabrik Biberist
Biberist Allegro matt 250 gm^2

ISBN 3 85637 221 0